아리아나 파피니 글·그림

1965년 이탈리아 피렌체에서 태어나 딸과 아들의 엄마로 피렌체에 살고 있습니다. 피렌체 건축학부에서 책-놀이 디자인에 대한 논문으로 대학을 졸업했습니다. 출판사에서 예술과 편집장으로 일하였습니다. 자신의 결혼식에서 전쟁으로 망가진 세계 문화 기록 건축물인 사라예보 도서관의 재건을 위한 모금을 시작했고, 이 일로 그의 남편과 함께 시에나 대학교에서 공로상을 받았습니다. 이후에도 귀중한 도서관 살리기 운동을 계속하고 있습니다. 지금까지 100여 권의 책에 글을 쓰고 그림을 그렸습니다. 어린이를 위한 안데르센 상을 받았고, 그밖에 다른 상도 많이 받았습니다. 《이제 나는 없어요》로 이탈리아 국가에서 주는 환경을 위한 최고의 그림책 상인 이탈리아 국립 환경 과학상을 받았습니다.

박수현 옮김

연세대학교를 졸업하고 이탈리아 시에나에서 공부했습니다. 한국과 이탈리아 문화 교류에 관심이 있으며, 현재 인테리어 디자이너로 활동하고 있습니다. 번역한 책으로 《나도 할 수 있어!》가 있습니다.

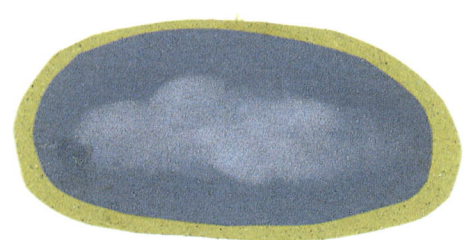

생각하는 분홍고래 12
이제 나는 없어요

초판 1쇄 발행 2017년 10월 31일 | 초판 7쇄 발행 2025년 2월 24일
아리아나 파피니 글·그림 | 박수현 옮김
책임편집 김숙진 | 디자인 서은경 | 펴낸이 김숙진
펴낸곳 (주)분홍고래 | 등록 2013년 06월 04일 제2021-000294호
주소 서울시 마포구 모래내로1길 17, 911호
전화 편집부 070-7590-1961 | 마케팅 070-7590-1917 | 팩스 031-624-1915
전자우편 p_whale@naver.com | 분홍고래 블로그 blog.naver.com/p_whale

ISBN 979-11-85876-40-5 77870

Cari estinti
Edition copyright ⓒ by Kalandraka Editora, 2014
Text and Illustrations copyright ⓒ by Arianna Papini, 2014
Korean translation copyright ⓒ Pink Whale Pub., 2017
This Korean translation rights arranged with Kalandraka Editora through The Choice Maker Korea co

. 이 책의 한국어판 저작권은 초이스메이커코리아를 통해 저작권사와의 독점 계약으로 분홍고래에 있습니다.
저작권법에 의해 한국 내에서 보호를 받는 저작물이므로 무단전재와 무단복제를 금합니다.
*책값은 뒤표지에 표시되어 있습니다

이제 나는 없어요

아리아나 파피니 글·그림 | 박수현 옮김

분홍고래

콰가 얼룩말

영어 이름 Quagga

(학명 *Equus quagga quagga*)

사람들은 나를 콰가라고 불렀어. 나는 반쪽만 얼룩무늬를 가진 얼룩말이야.
내 이름이 콰가인 건 울 때 '콰아콰아'하고 울어서야.
하지만 사람들은 등과 배의 털로 나를 구분했지.
얼룩무늬는 콧등에서 시작해서 서서히 연해지다가 엉덩이 쪽에서 사라지지.
내 다리는 밝은 색이야. 사람들은 내가 얼룩말보다 신비로운 외모를 가졌다고 말해.
우리는 1900년대 70마리 정도가 있었는데, 사람들은 나를 멸종 동물이라고 선언했어.
우리가 멸종한다니! 나는 믿을 수가 없었어. 고집이 셌던 나는 정말 힘차게 뛰어다녔어.
나의 고향 아프리카에서는 얼룩말과 콰가를 교배해서 우리의 멸종을 막으려고 노력했어.
하지만 나를 재창조하는 게 가능할까? 나는 혼란스러웠어.
사람들의 노력에도 우리는 멸종하고 말았어.
나는 세상에서 사라지고 말았지.

상아부리 딱따구리

영어 이름 **Ivory-billed Woodpecker**

(학명 *Campephilus principalis principalis*)

나는 딱따구리 중에서 제일 크고 제일 잘생겼지.
황제처럼 위대했어.
인디언은 내 부리를 귀하게 여겨서 보석처럼 장식했어.
또 내 털은 머리를 멋지게 장식하는 데 사용했지.
나는 미국의 숲속 나무 그루터기 위에서 벌레와 유충을 쪼아 먹으며 살았어.
벌레와 유충은 내가 가장 좋아하는 음식이지.
그러던 어느 날 사람들이 동물원에 나를 가둬 두려고 잡아갔어.
우리는 저항도 못 하고 잡혀갔어.
또 사람들은 옥수수 농장을 만들려고 나무와 먹이들을 없애기 시작했어.
결국 숲을 모두 없애 버렸지.
사람들은 참 이상해. 아무 생각 없이 땅을 망가뜨리고 곧 후회하곤 하지.
숲을 몽땅 망가뜨리고는 얼마 안 돼서 지구 온난화를 막겠다며 방법을 찾고 있으니 말이야.
정말 바보 같아.
나는 지구가 왜 뜨거워지는지 다 알지만, 사람들에게 그것을 어떻게 알려 주겠어?
그저 뜨거워진 붉은 하늘과 솜털 같은 구름 사이로 영원한 여행을 떠날 뿐이야.

테코파 민물고기

영어 이름 **Tecopa Pupfish**

(학명 *Cyprinodon nevadensis calidae*)

나는 미국 캘리포니아의 모하비 사막에 사는 작은 민물고기야.
나는 뜨거운 태양이 내리쬐고 건조한 곳을 좋아해.
오염되지 않은 아주 깨끗하고 뜨거운 물을 좋아하지.
언젠가 모하비 사막에서 운하를 개통했을 때 내 종족은 엄청난 속도로 줄었어.
운하가 개통되면서 관광객이 늘어났고 술집, 식당, 호텔 그리고
자동차 대여점 등이 늘어나면서 우리가 살 수 없는 환경으로 변했어.
결국, 나는 아무도 모르게 사라지고 말았어.
어쩌면 잘된 일인지도 몰라.
내가 이곳에 계속 살았다면, 인간들이 이곳을 망가뜨리는 것을 지켜봐야 했을 테니까.
육지뿐만 아니라 푸른 하늘까지도…….
나는 인간의 횡포를 많이 겪어 봐서 잘 알아. 그래서 나는 조용히 입을 다물었어.
뭐, 나는 지금 행복해!

자와 호랑이

영어 이름 **Javan Tiger**

(학명 *Panthera tigris sondaica*)

나는 인도네시아 자와섬에서 사랑하는 가족과 행복하게 살았지.
우리는 다른 호랑이에 비해 조금 작지만 어떤 호랑이보다 아름다웠어.
언제부터인가 사람들은 고무와 목재를 얻으려고
고무나무와 티크 나무를 심으며 숲을 망가뜨렸어.
우리의 고향인 자와섬은 심각하게 병들어 갔어..
우리는 먹을 것을 구할 수 없어 굶주렸지.
가끔 배가 너무 고파 사람들이 있는 농장으로 들어갔지만,
그곳에서 우리를 기다린 건 인간이 놓은 독극물이었어.
우리는 점점 사라졌어.
인간들은 다양한 생물이 존재하는 것이 얼마나 중요하고 아름다운 일인지 모르나 봐.
이제 나는 그곳에 없어.
하지만 구름 위를 떠다니며 생존을 위해 싸우는 동물들을 밤새워 지켜보지.

비사얀 워티 피그

영어 이름 **Visayan Warty Pig**

(학명 *Sus cebifrons*)

나는 필리핀 중부에 살았던 멧돼지야.
그곳 생활은 늘 위태로웠어.
우리의 숲을 망가뜨리고, 내 종족을 몰살시키는 사람들이 있었으니까.
나는 열매와 식물 뿌리를 먹으면서 초원 한가운데를 친구들과 함께 뛰어다녔어.
우리는 인간이 심어 놓은 농작물을 좋아했는데,
이것이 큰 재앙의 시작이 될 줄은 아무도 몰랐지.
우리는 사람들이 심어 놓은 과일과 채소 때문에 일 년 내내 음식을 쉽게 구했어.
하지만 그때부터 사람들에게 지배당하게 된 거야.
사람들과 가까워지면서 우리의 수는 점점 줄어들었어.
급기야 어느 계절엔가 나는 사라졌어. 아무도 모르게 사라져 버렸지.
결국, 이 이상하고 우스꽝스러운 이름만 남게 되었어.
이제 나와 친구들은 하늘나라 숲속 어딘가에서 먹고, 뛰어놀고 장난치지.
그리고 밤의 어둠 속에 잠이 들어.

북아메리카 퓨마

영어 이름 **North American Cougar**

(학명 *Puma concolor couguar*)

나는 북아메리카 퓨마야. 쿠거라고도 하지.

나는 숲에서 누구보다 민첩한 동물이야.

다른 퓨마에 비해 좀 작지만, 매우 예민한 감각을 지녔어.

누구도 내 우아한 걸음걸이를 따라올 수 없어.

내 털은 어떻고? 비단보다 부드럽지.

사람들은 우리의 숲을 기계로 파괴하고 거기에 농작물을 심었어.

나무가 사라지자 우리의 사냥감은 사라지고 말았어. 더는 사냥을 할 수 없었어.

그래서 우리는 하나둘 굶주리고 사라졌지.

우리는 인간의 것을 빼앗기 시작했어. 어쩌겠어. 너무 배가 고팠는걸.

사람들이 기르는 가축이라도 사냥할 수밖에 없잖아.

사람들은 가축을 지키려고 우리를 사냥했어.

이 모든 게 우리의 잘못이 아니잖아. 그러나 결국, 우리는 사라지고 말았어.

나는 지금 이 높은 하늘에서 세상을 내려다보지.

하지만 인간들을 위한 세상으로 다시 돌아가고 싶지는 않아.

도도새

영어 이름 **Dodo Bird**

(학명 *Raphus cucullatus*)

나는 도도새라고 해.

나는 새지만 날지 못하는 새야. 하늘을 날기에 내 몸은 크고 무거웠거든.

사람들은 나를 "도도"라고 불렀어.

'도도'는 포르투갈어의 "어리석다"라는 말에서 따왔다나 봐.

나는 성격이 정말 좋은 새야. 그래서 사람들을 정말 좋아했어.

하지만 사람들은 나를 "보기 흉하고 엄청나게 큰 발을 가진 겁쟁이"라고 놀렸어.

그리고 우리를 사냥해서 감옥에 가두었지. 우리의 알을 모두 가져다가 요리해서 먹었어.

우리의 깃털을 뽑아다가 부드러운 솔을 만들었어.

사람들은 우리를 사냥하는 것에만 눈이 멀어 우리가 사라지는 걸 깨닫지 못했지.

이제 나는 내 친구들과 이 높은 하늘에서 살고 있어. 아주 잘 살고 있지.

비록 지구에서는 사라지고 말았지만, 사냥도 없고 전쟁도 없는 이곳에서

우리는 매일매일 웃으며 하늘을 날기도 하지.

우리는 다짐했어. 절대로 지구에 내려가지 않겠다고.

다만 지구에 평화가 온다면, 그때 돌아갈 거야.

스텔러 바다소

영어 이름 **Steller's Sea Cow**

(학명 *Hydrodamalis gigas*)

1700년대 중반 시베리아의 바다에 스텔러 바다소 한 마리가 바람과 파도에 쓸려 왔어.

그 뒤부터 사람들은 우리 스텔러 바다소를 사냥했어.

우리의 살코기는 너무 인기가 많았어.

그래서 사람들의 사냥 목록 맨 위에 우리 이름이 올라 있었어.

결국, 27년 만에 우리는 멸종되고 말았어.

만 년 동안이나 우리는 지구에 살았어.

그래서 우리가 사라진다고는 생각도 못했지. 우리는 인간을 믿었으니까.

하지만 나는 사라지지 않았어. 어딘가에 살아 있어. 사람들이 볼 수 없는 어딘가에.

인간들은 우리가 멸종하지 않았고 내가 어딘가에 있다고 생각하는 것 같아.

하지만 우리는 인간들이 생각하는 예전의 스텔러 바다소로 존재하지 않아.

이제 우리는 더는 인간을 믿지 않아!

서부 검은 코뿔소

영어 이름 **Western Black Rhinoceros**

(학명 *Diceros bicornis longipes*)

우리는 아프리카 서쪽에서 살았어.

힘이 세고, 코 위에는 두 개의 뿔이 있어.

사람들은 우리의 뿔을 좋아했어. 우리의 뿔을 훔쳐다가 멋진 빗을 만들었어.

또 우리의 살은 비싼 고기로 팔려 나갔지.

우리는 엄청나게 힘이 셌지만, 밀렵꾼들의 사냥을 피할 수는 없었어.

고작 머리빗을 만들려고 우리의 목숨을 빼앗은 거야.

고향인 사바나에서 우리는 위풍당당했고 누구보다 위엄이 있었어.

하지만 숲이 사라진 사바나에서 더는 인간을 피해 숨을 곳이 없었지.

이제 나는 지구에 없어.

지구의 아름다움을 없애고 환경을 파괴하는 인간들을 생각하면 웃음만 나올 뿐이야.

사우디 가젤

영어 이름 **Saudi Gazelle**

(학명 *Gazella saudiya*)

나는 보통의 가젤이랑 비슷하게 생겼지만, 좀 더 날씬하고 우아하고 조용하지.
밝은색 털을 가진 나는 어떤 가젤보다 아름다웠어.
나는 사우디아라비아의 바짝 마른 땅에서 천 년을 산 올리브 나무와 아카시아 잎으로
영양분을 섭취했고 자갈과 모래 사이를 뛰어다녔어.
그런데 이제 나는 지구에 없어. 아니, 우리는 없어.
멸종되고 말았어.
사람들의 무분별한 사냥 때문에 점점 줄어들다가 사라지고 말았지.
눈앞에 이익만 챙기느라 다른 것은 생각하지 않는 인간들 때문이야.
나는 그 바짝 말라 버린 땅이 그립지 않아.
이제 나는 구름을 먹고 바람을 가르며 드넓은 하늘을 뛰어다니니까.

멕시칸 회색곰

영어 이름 **Mexican Grizzly Bear**

(학명 *Ursus arctos nelsoni*)

나는 곰 중에서도 매우 강하고 멋있어. 나의 털은 우아한 은빛이야.
그래서 원주민들은 나를 "은빛 곰"이라고 불렀지.
나는 나의 큰 덩치를 자랑스럽게 여기곤 했어.
나는 성격 좋은 최고의 미식가야.
그런데 언제부터인가 숲속에 먹을 게 모두 사라졌어.
어쩔 수 없이 나는 닭장을 습격하는 도둑으로 변하고 말았어.
사람들은 도둑이 되어 버린 우리를 마구 사냥했고 우리는 깊은 산속으로 도망가야 했지.
결국, 우리는 멸종하고 말았어.
만약 사람들이 숲을 망가뜨리지 않았다면, 우리의 먹이도 사라지지 않았을 테고,
우리도 사람들의 것을 훔치지 않았을 거야.
나라고 도둑이 되고 싶었겠어? 모두 사람들 때문이야!

핀타섬 땅거북

영어 이름 **Pinta Island Tortoise**

(학명 *Chelonoidis nigra abingdonii*)

나는 덩치가 어마어마하게 큰 거북이야.

갈라파고스의 핀타섬의 호수와 해안가 야자나무와 모래 사이에서 살았어.

나는 갈라파고스를 상징하는 거북이었지만, 지금은 멸종하고 말았어.

나는 거북 가운데 가장 큰 거북이야.

희귀종이어서 영국의 학자인 다윈이 나를 연구하기도 했지.

그러나 해적들과 어부들이 배를 타고 여행하는 동안 우리를 사냥했어.

사람들은 우리의 살을 요리하고 소금에 절여 보관했지.

모두 죽고 나만 남았을 때, 사람들은 내게 조지라는 이름을 붙여 주었어.

우리가 사라진다는 걸 사람들이 깨달았을 때는 이미 늦었어. 모두 죽고 나만 남았으니까.

사람들은 내게 신부를 만들어 주어서 우리의 멸종을 막으려고 했지.

하지만 어떤 사람도 나를 설득하지 못했어.

갈라파고스에서의 내 인생은 외로웠어.

예쁜 야자나무 그늘에서 꾸벅꾸벅 조는 한 마리 앵무새를 짝으로 35년 동안 외롭게 보냈어.

늙고 지쳐 버린 나는 여기 하늘 위에서 멋진 갈매기처럼 날곤 해.

저녁이면 돛단배를 탄 신부들을 꿈꾸며 조용히 섬으로 내려가지.

오로크스

영어 이름 **Aurochs**

(학명 *Bos primigenius*)

나는 강하고 힘이 세고 반짝거리고 거만한 눈과 잘생긴 뿔을 가진 소야.
흑갈색 또는 흑색의 몸과 크고 매끄러운 뿔을 가졌지.
모두가 나를 무서워했지만, 나는 그다지 영리하지 않았어.
그래서 나는 인간을 친구라고 생각했어. 그러나 인간은 친구가 아니었어.
친구인 것처럼 내게 다가와서 나를 무너뜨리고 배신했어.
내 조상이 만들어 온 우리의 오래된 역사가 사라져 버린 거야.
기원전 6세기부터 사람들은 우리의 친구인 것처럼 행동했어.
동굴 벽에 우리를 그려 넣으며 우정을 과시했지만, 사실은 사육하고 지배하려고만 했지.
내 살코기와 내 뿔이 탐나서 나를 사냥했어.
죽으면 다시 돌아올 수 없잖아. 그걸 인간들은 몰랐나 봐.
이제 우리는 동굴 벽과 고대 귀족 가문의 문장과 갑옷 위의 문장에만 살아 있어.
내가 떠나자 우리 오록스는 멸종하고 말았어.

다스마니아 승냥이

영어 이름 **Marsupial Wolf**

(학명 *Thylacinus cynocephalus*)

사람들은 나를 호랑이라고도 불렀지만, 내 모습은 늑대와 비슷해.
그래서 주머니 늑대라고도 하지.
내게 호랑이라는 무서운 이름이 붙은 것은 허리에 호랑이 같은 줄무늬가 있기 때문이야.
우리는 태즈메이니아섬으로 이주해서 살고 있었어.
우리는 캥거루처럼 주머니에서 새끼를 키우는 아주 특별한 존재야.
맹수들이 가지는 음침한 눈은 없었지만, 나는 어떤 맹수보다 강했지.
먹이사슬의 꼭대기에 있었기 때문에 두려움이 없었지.
우리는 누구보다 강하고 용맹해서 먹이를 쉽게 얻었어.
하지만 사람들은 우리의 용맹함을 좋아하지 않았어.
인간들은 자신들만이 지구의 왕이고, 자신들만 가축을 소유해야 한다고 생각했어.
그래서 자신들의 양을 잡아먹는다는 이유로 우리를 없애기 시작한 거야.
만약 내가 다시 지구로 돌아간다면,
나는 딸기와 양배추와 양파와 같은 채소만 먹으며 살아야 할 거야.
인간들이 지배하는 지구에는 우리가 먹을 고기가 없기 때문이야.

큰바다 쇠오리

영어 이름 **Great Auk**

(학명 *Pinguinus impennis*)

나는 커다란 바닷새야. 북해의 바위에서 살았지.
작고 볼품없는 날개와 짧은 다리를 가진 나는 펭귄과 비슷하게 생겼어.
비록 물 밖에서는 빠르지 않지만, 물속에서는 누구보다 빠르게 헤엄쳤어.
나는 바위에서 가족과 행복하게 살았어.
바위마다 진귀한 조개가 많았고 바닷가에는
신선한 생선과 해조류가 풍부해서 더없이 행복한 집이었어.
나는 내 짝과 행복한 가정을 이루었어.
일 년에 단 하나의 알을 낳았고, 정성껏 그 알을 품으며
알이 아이가 되고 자랄 때까지 지켜 주었지.
나는 사람을 믿고 좋아했어. 그런데 그 믿음은 재앙이 되어 돌아왔어.
내 깃털 장식이 유럽에서 매우 인기가 많았기 때문에 사냥꾼들이 나를 사냥했어.
사람들은 우리의 살과 털만을 원했지.
그래서 우리는 1800년대 중반에 모두 사라지고 말았어.
이제 나는 공기 중에 살고 바람 속을 헤엄치지.
왜냐하면, 다시는 인간들에게 배신당하지 않기 위해서야.

카리브해 몽크 물범

영어 이름 **Caribbean Monk Seal**

(학명 *Monachus tropicalis*)

이탈리아의 탐험가 콜럼버스는 아메리카 대륙에서 우리를 발견하고 창으로 우리를 사냥했어.
나를 삶고, 튀기고, 굽고, 다진 고기로 요리했지.
인간들은 산업을 발전 시킨다며 내 몸의 기름을 뽑아서 기계에 칠했어.
인간들은 항상 많은 실수를 하지. 그리고 뒤늦게 잘못을 깨닫지.
인간이 무언가를 깨닫고 난 뒤에는 너무 늦어 버려.
인간들은 카리브해, 몰디브, 그리고 하와이를 관광지로 무분별하게 개발했어.
많은 사람이 몰려왔고 많은 몽크 물범이 사라졌지.
어떤 사람은 아직도 파도가 부딪히는 자메이카의 험한 바위들 사이에
내가 있다고 생각하나 봐.
사람들은 내가 꼭꼭 숨어서 보이지 않는 거라고 생각하며 나를 찾으려 하지만,
이제 나는 거기 없는걸.
나를 찾아 헤매는 사람들을 보며 나는 그저 웃을 뿐이야.

피레네 아이벡스

영어 이름 **Pyrenean IBEX**

(학명 *Capra pyrenaica pyrenaica*)

나는 인간의 충실한 동료였지.
알프스산맥의 야생 염소를 닮은 나는 유럽 남서부의 피레네산 꼭대기에 살았어.
피레네산 바위들은 내가 참 아끼고 좋아하는 곳이야.
내 우유로 만든 치즈는 오랜 세월 사람들이 좋아하는 거룩한 음식이었어.
사람들은 내 우유에 향신료와 후추, 소금을 넣고 요리하려고 우리를 사냥했어.
사람들은 너무 무책임해서 우리가 사라질 거라고는 생각하지 못했어.
우리가 사라질 지경이 되어서야 복제 양 돌리처럼 우리를 복제하겠다고 수선을 떨었지.
복제 양 돌리는 많은 신부가 있었지만, 나의 신부는 어디에도 없었어.
풀만 무성한 그 목초지 어디에도 내 신부는 없었어. 나만 달랑 혼자 남겨졌지.
지금 나는 훌륭한 치즈를 만들며 하루를 보내지.
인간들이 점령한 지구가 아닌 하늘나라에서.

양쯔강 돌고래

영어 이름 **Chinese River Dolphin**

(학명 *Lipotes vexillifer*)

담수 돌고래인 나는 중국 양쯔강에 살았어.
그곳에서 힘차고 아름답게 수영하면서 즐겁게 지냈지.
나는 양쯔강을 떠나 본 적이 없어. 양쯔강밖에 몰랐지.
중국 사람들은 내가 양쯔강에서 죽은 공주가 환생한 것이라며 신처럼 여겼어.
내게 양쯔강은 더없이 행복한 집이었어.
그곳에서 친구들과 즐겁게 놀고, 잠을 자고, 하늘을 향해 뛰어오르고 휘파람을 불었지.
하지만 사람들이 양쯔강을 개발하면서 우리의 강은 죽음의 강이 되고 말았어.
우리는 사람들이 쳐 놓은 그물에 걸려 죽거나 배와 충돌해서 죽어갔지.
그리고 강은 점점 오염되었어.
사람들은 우리를 잡아 가방과 장갑을 만들었어.
지금 나는 양쯔강에 없어.
이제 나는 하늘이라는 아름다운 강과 호수를 헤엄치지.
가끔은 밤하늘에 총총히 박힌 별들 사이로 나타나기도 하고 바람이 되어 여행하기도 해.

과들루프 앵무새

영어 이름 **Guadalupe Parrot**

(학명 *Amazona violacea*)

나는 까만 머리와 초록과 노란색의 몸을 가진 아름다운 앵무새야.
나는 카리브해에 있는 과들루프섬에서 살았어. 인간이 그 섬에 살기 전까지 말이야.
나는 작은 발로 땅 위를 사푼사푼 걸어 산책하곤 했지.
하지만 언젠가부터 사람들은 생선이나 닭보다 나를 더 많이 잡아먹기 시작했어.
또 유럽의 부유한 귀부인들을 즐겁게 하려고 나를 잡아 새장에 가두었어.
내 가족과 친구들은 매일매일 새장에 갇혀서 팔려 나갔지.
또 사람들은 감자와 보리를 경작하려고 우리의 숲을 망가뜨렸어.
그리고 그 밭을 지키려고 우리를 죽였어.
왜냐하면, 우리가 자기들의 밭을 망친다고 생각했거든.
이제 사람들은 땅과 바다에서 나를 찾곤 하지. 하지만 나를 찾을 수 없을 거야.
나는 다른 세상에서 인간들이 점령해 버린, 한때는 내 집이었던 그곳을 보곤 해.
그리고 생각하지 않고 행동해 버리는 인간을 그저 측은하게 지켜볼 뿐이야.

흰사자

영어 이름 **White Lion**

(학명 *Panthera leo krugeri*)

나는 바다처럼 푸른 눈과 눈처럼 하얀 털을 가진 사자야.
나의 특별한 유전자는 내게 하얀 털을 선물했지.
그래서 나는 희귀하고 외로운 사자였어.
사람들은 오랜 세월 동안 나를 전설 속 동물로 생각했어.
그래서 아프리카에서 살지 않는다고 믿었어.
하지만 1900년대 초 사람들은 사바나에서 나를 발견했어.
사람들은 나의 털로 아름다운 옷을 만들겠다며 끈질기게 나를 쫓았어.
나의 털은 너무나 하얘서 사람들 눈에 잘 띄었거든.
지구에 나의 친구들이 얼마나 남아 있을까?
그건 아무도 몰라.
다만 이제 나는 너무 지쳤어.
더는 사람을 피해 숨고 싶지 않아.